저학년 교과서
속담

뿜작가 글·그림

머리말

"돌다리도 두들겨 보고 건너라"
"세 살 적 버릇이 여든까지 간다"

어디서 많이 들어 본 말이라고요? 그래요. 책 속에서, 텔레비전 프로그램에서, 어른들이 나누는 대화에서 한번쯤 들은 적이 있을 거예요.

바로 '속담'이에요. 속담은 옛날부터 전해 내려오는 교훈이 담긴 짧은 말을 가리켜요.

그럼 옛날 사람들의 말인 속담을 오늘날에도 여전히 쓰는 이유는 뭘까요? 그건 오랫동안 입에서 입으로 전해지면서 세월이 지나도 변하지 않는 지혜가 담겨 있기 때문이랍니다.

그래서 누구나 속담을 듣고 나면 저절로 고개를 끄덕

이며 "정말 맞는 말이야!" "내 말이 그 말이야!" 하고 무릎을 치게 되지요.

　『저학년 교과서 속담』은 일상생활에서 널리 쓰이는 속담을 골라 초등학교 저학년의 눈높이에 맞게 만화로 풀어 썼어요. 속담마다 귀여운 이모티콘 캐릭터인 뿌미와 그 친구들이 등장하여 쉽고 재밌게 상황에 맞는 속담을 알려 준답니다.

　억지로 외우지 않아도 머리에 쏙쏙 이해되는『저학년 교과서 속담』! 하하호호 재밌는 만화 속담 속으로 우리 모두 출발~!

차례

ㄱ·ㄴ으로 시작하는 속담 · 8

ㄷ·ㅁ으로 시작하는 속담 · 44

ㅂ·ㅅ·ㅇ으로 시작하는 속담 · 84

ㅈ·ㅊ·ㅋ으로 시작하는 속담 · 122

ㅌ·ㅍ·ㅎ으로 시작하는 속담 · 142

재미있는 속담 게임

속담 초성 게임 · 42 속담 초성 낱말 퍼즐 · 82
속담 사다리 타기 · 120 속담 초성 게임 · 140
속담 연결하기 · 156 정답 · 157

주요 등장 캐릭터

뿌미
축구를 좋아하며 요리에 관심이 많은 명랑 토끼

뿌미 엄마
식물 키우기와 쇼핑을 좋아하는 엄마 토끼

뿌미 아빠
뿌미를 사랑하는 가정적인 아빠 토끼

꼬미
뿌미에게 장난을 잘 치는 키 크고 힘 센 곰

꼬미 엄마
운전을 잘하며 호탕한 성격의 엄마 곰

냥이
분식을 좋아하는 똑똑하고 차분한 고양이

선생님
아이들 성적에 관심이 많은 염소 선생님

로미
도전을 좋아하는 뿌미의 사촌 동생 토끼

귀염뽀짝 캐릭터들과 속담 공부 시작해요~!

ㄱ·ㄴ으로 시작하는 속담

공든 탑이 무너지랴라는 속담 몰라? 기초부터 잘 쌓아야지!

나보다 높게 쌓았네! 얼른 대충 쌓아야지.

가는 말이 고와야 오는 말이 곱다

간에 붙었다 쓸개에 붙었다 한다

개구리 올챙이 적 생각 못 한다

개밥에 도토리

공든 탑이 무너지랴

구렁이 담 넘어가듯

구슬이 서 말이라도 꿰어야 보배

굼벵이도 구르는 재주가 있다

귀신이 곡할 노릇이다

급하면 바늘허리에 실 매어 쓸까?

까마귀 날자 배 떨어진다

꾸어다 놓은 보릿자루

낮말은 새가 듣고 밤말은 쥐가 듣는다

내 코가 석 자

냉수 먹고 속 차려라

눈 가리고 아웅

가는 말이 고와야 오는 말이 곱다

내가 남에게 말을 부드럽게 하고 조심해서 행동해야 남도 나를 잘 대해 준다는 말.

"출출한데 우리 빵 사 먹을까?"

"오! 좋아. 저기 새로 생긴 빵집, 맛집이래."

"우와~! 맛있겠다."

"각자 먹을 거 담자. 나는 초코빵 한 개."

"나는 소금빵 한 개."

"음, 나는…. 딸기소보로, 치즈빵, 샌드위치!"

"누가 토실이 아니랄까 봐 세 개나 고르네? 토실이 뿌미~, 큭큭!"

간에 붙었다 쓸개에 붙었다 한다

자신에게 조금이라도 이로운 쪽으로 옮겨 다니는 행동을 빗댄 말.

ㄱ

개구리 올챙이 적 생각 못 한다

형편이 전보다 나아졌다고 지난날의 어려웠던 때를 생각하지 않고 뽐낸다는 말.

"로미 전화야. 받아 봐."

"사촌 동생 로미가 무슨 일이지?"

"로미야, 안녕? 무슨 일이야?"

"부탁할 게 있어서…."

"무슨 부탁인데?"

"혹시 자전거 탈 줄 알아? 나 잘 타는 법 좀 알려 줘~."

"그거 별 거 아냐. 이따 우리 집으로 놀러 와."

개밥에 도토리

개밥 속에 든 도토리처럼 따돌림을 받아서 사람들과 잘 어울리지 못하고 혼자 겉도는 사람을 가리키는 말.

공든 탑이 무너지랴

정성을 다하여 한 일은 그 결과가 헛되지 않다는 말.

"얘들아, 우리 5분 안에 누가 더 블록을 높이 쌓는지 대결하자!"

"좋아!"

"재밌겠다!"

"준비, 시~작~!"

"내 속도는 아무도 따라올 수 없어."

"튼튼하게 쌓아야지."

신중 조심

구렁이 담 넘어가듯

일을 분명하고 깔끔하게 처리하지 않고 슬그머니 얼버무린다는 말.

구슬이 서 말이라도 꿰어야 보배

아무리 훌륭한 것이라도 쓸모 있게 만들어야 값어치가 있다는 말.

ㄱ

굼벵이도 구르는 재주가 있다

아무리 능력이 없는 사람이라도 한 가지 재주는 있다는 말. 또는, 평범한 사람이 주위의 관심을 끌려고 유난스럽게 행동하는 것을 비꼬는 말.

어제 텔레비전에 영재 피아니스트가 나왔는데 정말 멋지더라.

나도 봤는데 연주 실력이 대단하더라. 나도 잘 치고 싶다.

꼬미 너도 피아노 잘 치잖아.

정말? 너, 피아노 칠 줄 알아? 뭔가 안 어울리는데?

어릴 적부터 피아노를 배워서 좀 칠 줄 알아.

이번 피아노 콩쿠르에서 상까지 받았잖아!

귀신이 곡할 노릇이다

너무나 묘하여 어떻게 된 일인지 알 수 없다는 말.

급하면 바늘허리에 실 매어 쓸까?

모든 일에는 순서와 절차가 있으니 그에 따라 해야 한다는 말.

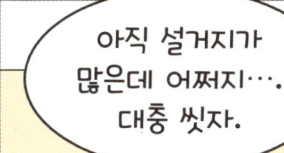

까마귀 날자 배 떨어진다

서로 상관이 없는 일인데도 동시에 일어나면 의심받을 수 있다는 뜻. 또는 오해받을 수 있는 행동을 하지 말라고 주의를 줄 때 쓰이기도 함.

꾸어다 놓은 보릿자루

여럿이 모인 자리에서 어울리지 못하고 한쪽 옆에 있는 사람을 뜻하는 말. 또는, 자기 역할을 다 하지 못하고 겉도는 모습을 가리키는 말.

오늘은 자연 보호를 주제로 학급 회의를 하도록 하겠어요.

네!

선생님, 제가 말하겠습니다.

꼬미, 말해 보세요.

자연 보호를 위해서는 자연을 사랑하는 마음이 가장 먼저 필요합니다!

우리가 할 수 있는 것부터 해야 돼요. 먼저 쓰레기를 버리지 말아야 해요.

낮말은 새가 듣고 밤말은 쥐가 듣는다

주위에 아무도 없어도 누군가 들을 수 있으니 신중히 말해야 한다는 말. 또는 비밀은 반드시 남의 귀에 들어가게 된다는 말.

내 코가 석 자

자신의 사정이 급하고 어려워서 다른 사람을 돌볼 여유가 없다는 말.

※ '자'는 옛날에 쓰이던 길이 단위로, 한 자는 약 30센티미터.

어머나!

오늘이 뿌미 여름 방학 마지막 날이에요.

벌써 그렇게 됐나? 오늘은 함께 시간을 보내도록 합시다.

그래서 말인데요, 우리 가족 모두 보육원에 봉사 활동 가는 거 어때요?

좋은 생각이오. 뿌미한테 말해 봅시다.

냉수 먹고 속 차려라

정신을 똑바로 차리고 바르게 행동하라는 말. 사리 분별을 못 하고 허황된 꿈을 꾸는 사람을 꾸짖을 때 쓰는 말.

ㄴ

눈 가리고 아웅

얄팍한 꾀로 다른 사람을 속이려고 한다는 뜻. 또는 아무런 보람도 없는 일을 형식적으로 하는 체하며 시간을 허비하는 것을 빗댄 말.

 속담 초성 게임

속담 풀이를 읽고 □ 안에 알맞은 말을 써 넣어 속담을 완성해 보세요.

내가 남에게 말을 부드럽게 하고 조심해서 행동해야 남도 나를 잘 대해 준다는 말.

가는 □(ㅁ)이 고와야 □□(ㅇㄴ) □(ㅁ)이 곱다

정성을 다하여 한 일은 그 결과가 헛되지 않다는 말.

공든 □□(ㅌㅇ) 무너지랴

아무리 훌륭한 것이라도 쓸모 있게 만들어야 값어치가 있다는 말.

구슬이 □(ㅅ) □(ㅁ)이라도 □(ㄲ) □(ㅇ) □(ㅇ) 보배

너무나 묘하여 어떻게 된 일인지 알 수 없을 때 쓰는 말.

ㄱ ㅅ 이 ㄱ 할 노릇

주위에 아무도 없어도 누군가 들을 수 있으니 신중히 말해야 한다는 뜻. 또는 비밀은 반드시 남의 귀에 들어가게 된다는 말.

ㄴ ㅁ 은 새가 듣고 ㅂ ㅁ 은 쥐가 듣는다

자신의 사정이 급하고 어려워서 다른 사람을 돌볼 여유가 없다는 말.

내 코가 ㅅ ㅈ

정신을 똑바로 차리고 바르게 행동하라는 말. 사리 분별을 못 하고 허황된 꿈을 꾸는 사람을 꾸짖을 때 쓰는 말.

ㄴ ㅅ 먹고 ㅅ 차려라

ㄷ·ㅁ으로 시작하는 속담

내가 보기엔 둘이 똑같은데? 이거 완전 **도토리 키 재기**잖아.

다 된 밥에 재 뿌리기

달걀로 바위 치기

달면 삼키고 쓰면 뱉는다

도끼로 제 발등 찍는다

도토리 키 재기

돌다리도 두들겨 보고 건너라

등잔 밑이 어둡다

떡도 먹어 본 사람이 먹는다

떡 줄 사람은 꿈도 안 꾸는데 김칫국부터 마신다

뚝배기보다 장맛이 좋다

마른하늘에 날벼락

마파람에 게 눈 감추듯

말 한마디에 천 냥 빚도 갚는다

매도 먼저 맞는 놈이 낫다

먼 사촌보다 가까운 이웃이 낫다

모르면 약이요 아는 게 병

목마른 놈이 우물 판다

못된 송아지 엉덩이에 뿔이 난다

다 된 밥에 재 뿌리기

일이 거의 이루어졌는데 뜻하지 않은 딴 일이나 훼방으로 망치게 되었을 때 쓰는 말.

여보, 주말이라고 티비만 보지 말고 세차라도 하는 건 어때요?

세차?

오다 보니 차가 너무 더럽더라고요.

흠, 그러고 보니 세차를 안 한 지 꽤 되었군.

그럼, 오랜만에 세차를 좀 해 볼까?

달걀로 바위 치기

최선을 다해 맞서도 도저히 이길 수 없는 경우를 뜻하는 말.

ㄷ

달면 삼키고 쓰면 뱉는다

옳고 그름이나 신의를 돌보지 않고 오로지 이익만을 좇는 경우를 뜻하는 말. 또는 그런 사람을 빗대어 나타내는 말.

도끼로 제 발등 찍는다

자신의 일을 스스로 망치거나, 또는 남을 해치려던 일이 결국 자기에게 해가 되는 것을 뜻하는 말.

도토리 키 재기

고만고만한 사람끼리 서로 다투는 경우나, 너무 비슷해서 비교해 볼 필요가 없다는 뜻으로 쓰는 말.

어? 도토리다. 작고 귀엽게 생겼네.

친구들한테 보여 줘야지~.

마침 저기 있네!

야, 그게 말이 된다고 생각해? 우길 걸 우겨라!

너나 억지 부리지 말고 어서 인정해!

티격 태격

돌다리도 두들겨 보고 건너라

잘 아는 일이라도 마음을 놓지 말고 신중하게 하라는 말.

으…, 추워~! 넌 왜 아까부터 울상이야?

내일 스케이트장에 놀러 가기로 했는데 취소되었어.

아쉽겠다. 다음에 가면 되지.

스케이트장이 공사 중이라 언제 다시 탈 수 있을지 모르겠어.

지금 스케이트 탈 수 있는 방법이 있는데….

그게 정말이야?

떡도 먹어 본 사람이 먹는다

무슨 일이든지 한 번이라도 해 본 사람이 경험이 없는 사람보다 더 잘한다는 말.

떡 줄 사람은 꿈도 안 꾸는데 김칫국부터 마신다

상대방은 생각도 하지 않는데 미리 기대하거나 다 된 일로 알고 행동한다는 말.

"뿌미야, 나 조만간 해외여행 갈 거야."

"좋겠다! 가족 여행 가는 거야?"

"아니, 가족 여행은 아니고, 엄마랑 약속 한 게 있어."

"무슨 약속?"

"전교 1등을 하면 해외여행을 보내 주신댔어!"

"꼴찌인 네가?"

"나라마다 볼 것도 다 생각해 뒀어. 먼저~."

뚝배기보다 장맛이 좋다

겉보기에는 별로여도 내용은 훌륭하다는 뜻으로, 겉모양보다 내실이 더 중요하다는 것을 강조하는 말.

마른하늘에 날벼락

예상치 못한 불행이나 재난을 뜻하는 말. 잘되던 일에 갑자기 변화가 생겼을 때도 씀.

모두들 책 덮으세요!

수학 쪽지 시험을 보겠어요!

헉, 이게 무슨 마른하늘에 날벼락 같은 소리야?

분명 전달했을 텐데. 냥이, 모두에게 전했지?

저는 못 들었어요.

어제 청소 시간에 분명히 전했어요.

벌떡!

마파람에 게 눈 감추듯

음식을 순식간에 재빨리 먹어 치우는 모습을 빗대어 나타낸 말.

말 한마디에 천 냥 빚도 갚는다

말만 잘하면 아무리 어려운 일이나 불가능해 보이는 일도 쉽사리 해결할 수 있다는 뜻으로, 말의 중요성을 강조하는 말.

"엇! 핸드폰 액정이 왜 깨져 있지?"

"최신 핸드폰인데…. 내가 잠결에 깼나?"

"심란해. 책이나 읽으면서 마음을 달래자."

"아빠~, 제가 이 세상에서 가장 존경하는 분은 바로 아빠예요!"

"엥? 갑자기 왜 그래?"

매도 먼저 맞는 놈이 낫다

어차피 겪어야 할 일이라면 어렵고 고롭더라도 미루지 말고 먼저 해치우는 편이 훨씬 낫다는 말.

먼 사촌보다 가까운 이웃이 낫다

남인 이웃과 서로 도우며 친하게 지내는 것이 멀리 떨어져 사는 사촌보다 낫다는 말.

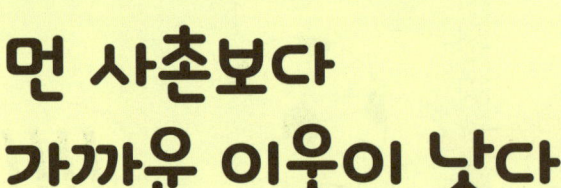

모르면 약이요
아는 게 병

모르고 있을 때는 마음이 편하지만,
알고 나면 걱정이 생겨서 불편해질 수 있다는 말.

목마른 놈이 우물 판다

제일 급하고 일이 필요한 사람이 결국에는 그 일을 서둘러 하게 되어 있다는 말.

못된 송아지 엉덩이에 뿔이 난다

성품이나 행동이 바르지 못한 사람이 나쁜 짓만 골라서 한다는 말.

"이 문제를 다 푼 사람만 집에 갈 수 있어요!"

"다들 가고 나만 남았네."

"아직도 못 했니? 꼬미야, 집에 가서 마저 풀어 오렴."

"네."

"집에 와서까지 문제를 풀어야 하다니, 에잇!!"

"으휴, 가방은 또 왜 이렇게 무거운 거야. 공부 정말 싫어!"

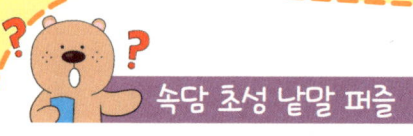 속담 초성 낱말 퍼즐

가로세로 길잡이 글을 읽고 속담 초성 낱말 퍼즐을 완성해 보세요.

가로 길잡이

1 ○○로 바위 치기. 최선을 다해 맞서도 도저히 이길 수 없는 경우를 뜻함.

3 ○○ 밑이 어둡다. 가까이 있는 것을 도리어 알아보지 못한다는 말.

4 떡 줄 사람은 ○○ 안 꾸는데 김칫국부터 마신다. 상대방은 생각도 하지 않는데 미리 기대하거나 다 된 거로 알고 행동한다는 뜻.

6 못된 송아지 엉덩이에 ○○ 난다. 성품이나 행동이 바르지 못한 사람이 나쁜 짓만 골라서 한다는 뜻.

세로 길잡이

1 ○○ 삼키고 쓰면 뱉는다. 옳고 그름이나 신의를 돌보지 않고 오로지 이익만을 쫓는 경우를 뜻함.

2 도끼로 제 ○○ 찍는다. 자신의 일을 스스로 망치거나, 또는 남을 해치려던 일이 결국 자기에게 해가 되는 것을 뜻함.

5 ○○ 먹어 본 사람이 먹는다. 무슨 일이든지 한 번이라도 해 본 사람이 경험이 없는 사람보다 더 잘한다는 뜻.

7 먼 사촌보다 가까운 ○○이 낫다. 남인 이웃과 서로 도우며 친하게 지내는 것이 멀리 떨어져 사는 친척보다 낫다는 말.

ㅂ·ㅅ·ㅇ으로 시작하는 속담

내가 먹어 본 떡볶이 중에 최고야!

언제 떡볶이 만드는 비법을 배웠어?

으쓱-

서당 개 삼 년에 풍월을 한다고, 우리 이모가 분식집을 하셔서 자연스럽게 비법을 알게 되었어.

바늘로 찔러도 피 한 방울 안 난다

발 없는 말이 천 리 간다

방귀 뀐 놈이 성낸다

배보다 배꼽이 더 크다

백지장도 맞들면 낫다

뱁새가 황새 따라가면 다리가 찢어진다

번갯불에 콩 볶아 먹겠다

빈 수레가 요란하다

사공이 많으면 배가 산으로 간다

서당 개 삼 년에 풍월을 한다

세 살 적 버릇이 여든까지 간다

쇠뿔도 단김에 빼라

아니 땐 굴뚝에 연기 날까

앓던 이가 빠진 것 같다

우는 아이 젖 준다

우물에 가 숭늉 찾는다

원숭이도 나무에서 떨어진다

바늘로 찔러도 피 한 방울 안 난다

냉정하고 융통성 없는 사람이나 몹시 인색한 사람을 가리킬 때 쓰는 말.

발 없는 말이 천 리 간다

말은 발이 없지만 천 리 밖까지도 순식간에 퍼지니 말을 할 때는 늘 조심해야 한다는 말.

크크, 뿌미야! 내가 장난쳐서 삐쳤냐?

기분 나쁘니까 말 걸지 마!

꼬미는 왜 맨날 나한테 장난을 치는 거야!

다른 친구한테 꼬미에 대해 말해 줘야겠어!

나, 뿌미인데 지금 통화 가능해?

꼬미 말이야. 걔 별로지 않니?

힘만 쎄고 정말 무식한 것 같아.

방귀 뀐 놈이 성낸다

잘못을 저지른 사람이 미안해하지 않고 도리어 남에게 화를 내는 것을 비꼬는 말.

으아앙~

배보다 배꼽이 더 크다

기본이 되는 것보다 덧붙이는 것이 더 많거나 큰 경우를 뜻하는 말.

백지장도 맞들면 낫다

가벼운 종이 한 장이라도 마주 들었을 때 더 편하다는 뜻으로, 간단한 일이라도 서로 도우면 훨씬 하기 쉽다는 말.

뱁새가 황새 따라가면 다리가 찢어진다

힘에 겨운 일을 억지로 하면 도리어 손해를 보게 되니, 자기 분수에 맞게 행동하라는 뜻.

번갯불에 콩 볶아 먹겠다

행동이 재빠르고 날쌔다는 말. 또는 어떤 일을 당장 해치우지 못해 안달하는 조급한 성질을 나타내는 말.

"축구를 했더니 배고프다."

"뭐 먹을 거 없나? 어디 보자~."

"뿌미야, 냉장고는 왜? 찾는 거라도 있니?"

"배가 너무 고파서요."

꼬르륵~

"어머나, 엄마가 바로 요리해 줄게. 뭐 먹고 싶어?"

"엄마 최고! 저 스파게티 먹고 싶어요!"

빈 수레가 요란하다

아는 것이 별로 없는 사람이 오히려 말을 많이 하고 목소리를 높여 떠든다는 말.

사공이 많으면 배가 산으로 간다

어떤 일이든 사람들이 이러쿵저러쿵 참견하면 제대로 되지 않는다는 말.

서당 개 삼 년에 풍월을 한다

어떤 일에 대해 아무것도 모르던 사람이라도 그 일을 오래하게 되면 지식과 경험이 쌓여 잘할 수 있게 된다는 말.

세 살 적 버릇이 여든까지 간다

어릴 때부터 몸에 밴 습관은 평생 고치기 힘드니, 나쁜 버릇이 생기지 않도록 주의해야 한다는 말.

쇠뿔도 단김에 빼라

마음먹은 일은 곧 행동으로 옮겨야 한다는 말.

※ '단김에'는 '열기가 아직 식지 않았을 적에'라는 뜻.

모두들 여름 방학 잘 보내렴~!

네, 선생님!

오예~! 이번 방학은 보람차게 보내야지.

뭐부터 할까? 음…, 계획표부터 짜야겠다.

흠, 멋진걸? 엄마 보여 드려야지!

엄마~!

앓던 이가 빠진 것 같다

걱정거리가 없어져서 후련하다는 말.

우는 아이 젖 준다

원하는 것이 있을 때는 겉으로 드러내야 쉽게 구할 수 있다는 말.

우물에 가 숭늉 찾는다

일에는 질서와 차례가 있는데, 이것을 모르고 성급하게 덤비는 경우를 뜻하는 말.

"짠~! 화단에 심으려고 씨앗들을 사 왔어."
"우와! 저 구경할래요. 뭐 사셨어요?"

"유채, 상추, 방울토마토, 호박…."

"뿌미야, 너도 식물 한번 키워 볼래?"
"식물이요? 재밌겠다! 좋아요!"

"그러면 엄마가 사 온 씨앗 중에 뭐를 키워 보고 싶니?"

원숭이도 나무에서 떨어진다

익숙하고 잘하는 일이라도 때때로 실수할 수 있으니 조심하라는 말.

 속담 사다리 타기

요리조리 사다리를 타 속담을 완성해 보세요.

| 발 없는 말이 | 배보다 | 번갯불에 | 사공이 많으면 |

| 배꼽이 더 크다 | 배가 산으로 간다 | 천 리 간다 | 콩 볶아 먹겠다 |

| 세 살 적 버릇이 | 쇠뿔도 | 앓던 이가 | 원숭이도 |

| 단김에 빼라 | 여든까지 간다 | 나무에서 떨어진다 | 빠진 것 같다 |

ㅈ·ㅊ·ㅋ으로 시작하는 속담

작은 고추가 더 맵다
종로에서 뺨 맞고 한강에 가서 눈 흘긴다
쥐구멍에도 볕 들 날 있다
집에서 새는 바가지는 들에 가도 샌다
천 길 물속은 알아도 한 길 사람의 속은 모른다
천 리 길도 한 걸음부터
첫술에 배부르랴
콩 심은 데 콩 나고 팥 심은 데 팥 난다

작은 고추가 더 맵다

몸집이 작은 사람이 큰 사람보다 오히려 재주가 뛰어나고 야무지다는 뜻.

"엄마, 달콤한 간식이 먹고 싶어요."
"그러면 엄마랑 쿠키 만들어 볼래?"

"좋아요!"
"로미도 불러서 같이 만들까?"

"흠, 로미는 어린데 잘 만들 수 있을까요?"
"혹시 모르지. 요리에 재능이 있을지도?"

"제가 로미한테 전화할게요."

종로에서 뺨 맞고 한강에 가서 눈 흘긴다

봉변을 당한 자리에서는 아무 말도 못 하고, 다른 데 가서 화를 내는 경우나 그런 사람을 빗댄 말.

쥐구멍에도 볕 들 날 있다

몹시 고생하며 힘들게 살아가는 사람에게도 언젠가는 좋은 날이 찾아온다는 말.

학교 앞, 새로 생긴 문구점에서 뽑기 이벤트를 한대~.

우와! 같이 해 보자!

좋아! 지금 바로 가자~!

뿌미도 갈 거지?

너희들끼리 해. 나는 옆에서 구경할게.

왜? 재밌을 거 같은데!

우리 셋 중에 누군가 당첨될 수도 있지 않을까? 히히.

집에서 새는 바가지는 들에 가도 샌다

말과 행동이 틸틸맞지 못하거나 마음 씀씀이가 못된 사람은 어디를 가든 말썽을 일으킨다는 말.

천 길 물속은 알아도 한 길 사람의 속은 모른다

사람은 속내를 알기가 무척 어렵다는 말.

뿌미가 오늘 기분이 안 좋아 보이는데 가서 위로해 줍시다.

네, 그래요.

뿌미야, 왜 그러니? 어디 아파?

학교에서 무슨 일이라도 있었나…?

그러게요. 친구들이랑 다퉜나?

딩동-
딩동-

누구세요?

천 리 길도 한 걸음부터

시작의 중요성을 강조하는 말.

첫술에 배부르랴

어떤 일이든지 한 번에 원하는 결과를 얻을 수 없다는 뜻으로, 너무 성급하게 구는 사람을 타이를 때 쓰는 말.

뿌미야, 왜 우니?

줄넘기 때문에요.

줄넘기?

오늘 체육 시간에 줄넘기를 했는데 다른 친구들은 모두 잘하는데 저만 못했어요.

우리 뿌미 속상했겠구나. 걱정하지 마.

콩 심은 데 콩 나고 팥 심은 데 팥 난다

모든 일은 원인에 따라서
그에 걸맞은 결과가 생긴다는 말.

속담 초성 게임

초성 글자에 알맞은 말을 떠올려 속담을 완성해 보세요.

작은 ㄱ ㅊ 가 더 ㅁ ㄷ

종로에서 ㅃ ㅁ ㄱ
한강에 가서 ㄴ ㅎ ㄱ ㄷ

집에서 ㅅ ㄴ 바가지는
ㄷ ㅇ 가도 샌다

천 길 ㅁㅅㅇ 알아도
한 길 ㅅㄹㅇ 속은 모른다

천 리 길도 ㅎ ㄱ ㅇ 부터

첫술에 ㅂ ㅂ ㄹ ㄹ

콩 ㅅㅇㄷ 콩 나고
팥 ㅅㅇㄷ 팥 난다

ㄷ·ㅍ·ㅎ으로 시작하는 속담

티끌 모아 태산
핑계 없는 무덤이 없다
하나만 알고 둘은 모른다
하늘이 무너져도 솟아날 구멍이 있다
하룻강아지 범 무서운 줄 모른다
호랑이도 제 말 하면 온다

티끌 모아 태산

아무리 작은 것이라도 모이고 모이면 큰 덩어리가 된다는 말.

"내일 우리 집에서 게임할 친구, 손~!"

"나, 손!"

"나도, 나도!"

"그런데 뿌미네 집에 게임기 없지 않나?"

"그러게. 나도 못 본 거 같은데…."

"아, 오늘 하나 사려고~!"

핑계 없는 무덤이 없다

어떤 일이든 반드시 핑계가 있기 마련이라는 뜻.

하나만 알고 둘은 모른다

작은 것에 매달리느라 큰 것을 놓치는 경우나, 생각이 짧고 융통성이 없는 경우를 뜻하는 말.

하늘이 무너져도 솟아날 구멍이 있다

아무리 어려운 경우에 처하더라도 희망을 잃지 말라는 뜻.

하룻강아지 범 무서운 줄 모른다

상대가 누구인 줄도 모르고 함부로 덤비는 어리석은 경우나 그런 사람을 가리키는 말.

숙제도 다 했으니 놀이터에 가서 놀아야지.

지금 시간엔 사람도 별로 없어서 마음껏 놀 수 있겠군.

미끄럼틀부터 타 볼까?

멈춰!!

다른 곳 가서 놀아. 여기는 내 놀이터야!

뭐? 여기가 왜 네 놀이터야?

호랑이도 제 말 하면 온다

어떤 사람에 대해 이야기를 하는데, 공교롭게 그 사람이 나타나는 경우에 쓰는 말.

 속담 연결하기

속담과 풀이가 서로 어울리는 것을 찾아 선으로 연결해 보세요.

 핑계 없는 무덤이 없다 • • 상대가 누구인 줄도 모르고 함부로 덤비는 어리석은 경우나 그런 사람을 가리키는 말.

 하늘이 무너져도 솟아날 구멍이 있다 • • 어떤 사람에 대해 이야기를 하는데, 공교롭게 그 사람이 나타났을 때 쓰는 말.

 하룻강아지 범 무서운 줄 모른다 • • 아무리 어려운 경우에 처하더라도 희망을 잃지 말라는 뜻.

 호랑이도 제 말 하면 온다 • • 어떤 일이든 반드시 핑계가 있기 마련이라는 뜻.

정답

42~43쪽
가는 (말)이 고와야 (오는) (말)이 곱다
공든 (탑이) 무너지랴
구슬이 (서) (말)이라도 (꿰어야) 보배
(귀신)이 (곡)할 노릇
(낮말)은 새가 듣고 (밤말)은 쥐가 듣는다
내 코가 (석) (자)
(냉수)먹고 (속) 차려라

82~83쪽
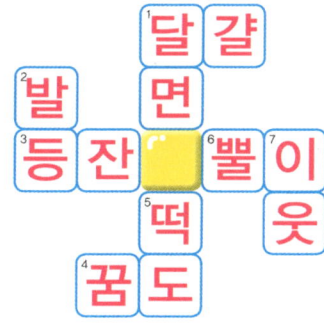

140~141쪽
작은 (고추)가 더 (맵다) / 종로에서 (뺨) (맞고) 한강에 가서 (눈) (흘긴다)
집에서 (새는) 바가지는 (들에) 가도 샌다 / 천 길 (물속은) 알아도 한 길 (사람의) 속은 모른다
천 리 길도 (한) (걸음)부터 / 첫술에 (배) (부르랴) / 콩 (심은) (데) 콩 나고 팥 (심은) (데) 팥 난다

120쪽
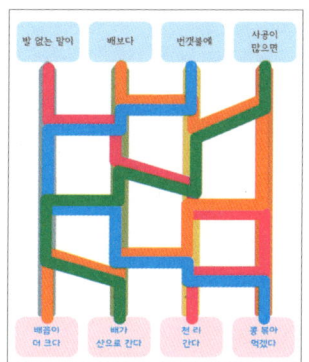

121쪽

156쪽

2024년 7월 10일 1판 3쇄 **펴냄**
2023년 4월 25일 1판 1쇄 **펴냄**

펴낸곳 (주)효리원
펴낸이 윤종근
글·그림 뿜작가
등록 1990년 12월 20일·**번호** 2-1108
우편 번호 03147
주소 서울시 종로구 삼일대로 457, 406호
전화 02)3675-5222·**팩스** 02)765-5222

© 2023, (주)효리원
잘못 만들어진 책은 구입하신 서점에서 바꾸어 드립니다.
ISBN 978-89-281-0749-0 74810

이메일 hyoreewon@hyoreewon.com
홈페이지 www.hyoreewon.com